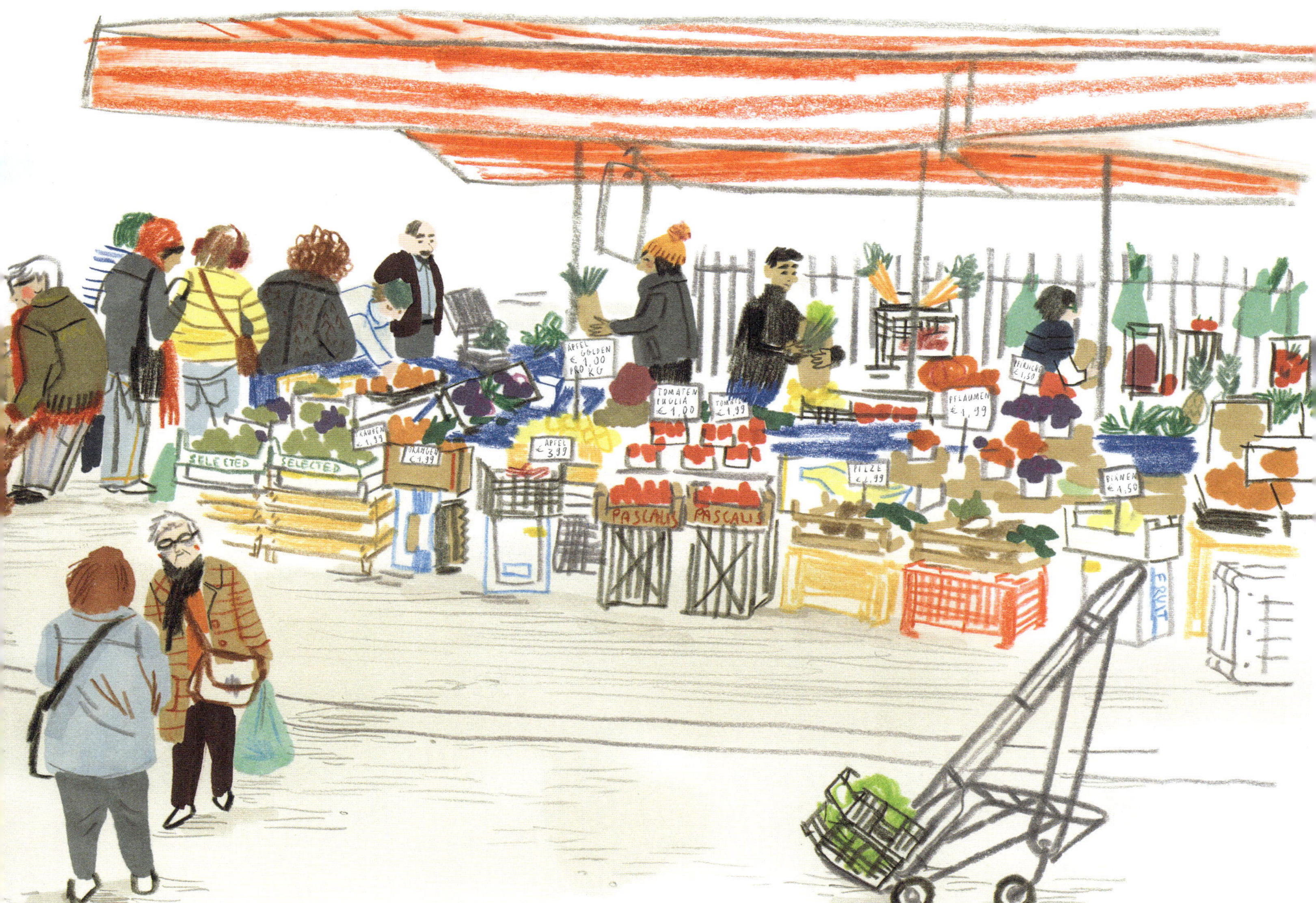

Ein Markttag

TEXT
© Susanna Mattiangeli, 2019

ILLUSTRATIONEN
© Vessela Nikolova, 2019

Bohem Press GmbH
1. Auflage 2021

Aus dem Italienischen von Lucia Zamolo
Korrektorat: Kathrin Bögelsack

ORIGINALAUSGABE
„Al mercato", erschienen 2019 bei Topipittori, Mailand, Italien

Alle Rechte vorbehalten, auch auszugsweise.

Gedruckt auf Papier aus verantwortungsvollen Quellen in Europa

Außerdem erschienen bei Bohem Press:
Ein Strandtag • ISBN 978-3-95939-076-7

Ein Markttag

von Susanna Mattiangeli und Vessela Nikolova

Heute habe ich kein Fieber mehr.
Trotzdem soll ich noch nicht wieder in die Schule: Morgen wieder, sagt die Ärztin.
Als Mama aus dem Haus gegangen ist, sagt Oma, dass es Zeit ist,
einen Spaziergang zu machen. „Jetzt ist Schluss mit der Stubenhockerei.
Du ziehst dich schön warm an und wir schauen, ob wir auf dem Markt etwas finden."
Oma muss Handschuhe kaufen. „Ich kann nicht ohne leben", sagt sie.
Sie hatte mal welche, aber findet sie nicht mehr wieder.

Nach einer Woche zuhause fühlt sich die Luft ganz kalt im Gesicht an und die Straße ist ein ganz neuer Ort.

Der Markt ist aufgeblüht wie die Blumen auf einer Wiese:
Im Morgengrauen hat er die Schirme geöffnet, die Markisen
ausgefahren und zeigt nun all seine Verkaufsstände.
Jetzt kommen alle, um zu gucken. Sie laufen mitten hinein,
gehen auf und ab oder laufen im Kreis herum.
Die Kinder, die in der Schule sind, schaffen es nicht,
ihn zu sehen: Wenn sie zurückkommen, hat er schon wieder
geschlossen. Außer von Handschuhen, redet Oma noch
von einem Schlafanzug, von irgendetwas Elektrischem
und einem Geschenk für Tante Ada.
Vielleicht finden wir ja auch etwas für mich.

„Komm, wir gehen uns umsehen", sagt Oma.
Auf dem Markt musst du deine Augen gut offen halten. Du suchst zwischen den Ständen und auch, wenn du etwas gefunden hast, suchst du noch ein bisschen weiter.

Das machen alle so. So macht man das auf dem Markt. Wir kommen an kleinen Verkaufsständen vorbei und ich schaue, ich schaue alles an, aber es sind einfach zu viele Sachen.

An manchen Verkaufsständen hängt Kleidung so hoch, dass du nicht drankommst. Du musst sie von unten anschauen und dir jemanden darin vorstellen. Jemanden, wie den Bürgermeister, Schauspieler aus dem Kino oder Königinnen. Manchmal kommt dann ein langer Stock, holt die Kleidung runter und alles ist vorbei.

Du brauchst aber nicht nur deine Augen. An einem Stand beginnt das Marktgeschrei. Da geh ich hin. „Schaut, was für schöne Sachen", lockt eine Stimme. „Schaut lieber hier", antwortet eine andere.

Und jetzt überlagern sich die Rufe und die Ohren kommen ganz durcheinander. Da, wo geschrien wird, kommen die Menschen näher. Erst mit den Ohren und dann suchen sie mit ihren Händen. Mysteriöse Ärmel hängen aus Kleiderbergen heraus und alle wühlen so schnell es geht. Wer als erstes das Richtige gefunden hat, hat gewonnen. Ich ziehe und ziehe und es kommen wahre Schätze zum Vorschein. Aber keine Handschuhe für Oma und nichts für mich.

„Wo gehst du hin, Liebes?", fragt Oma.
„Lauf nicht alleine herum!"
Darum hält sie mich an der Hand fest.
Aber das klappt nicht lang, denn es gibt
einiges anzuprobieren und vieles anzufassen –
wozu geht man sonst auf den Markt,
wenn nicht um Sachen anzufassen?
„Ich bleibe hier, siehst du?"
„Bleib in meiner Nähe", sagt Oma.

„Jaja, mach ich, keine Angst!"
Es gibt nämlich einen unsichtbaren Faden,
der die Menschen zwischen den Ständen verbindet.
An dem unsichtbaren Faden kannst du
kleine Schritte in die eine oder andere Richtung
machen und schon mal ein wenig schauen,
was da so passiert.

Wenn du ein bisschen weitergegangen bist,
findest du alles:
Bilderrahmen, Perlen, Berge von Schuhen.
Wenn du deine Nase da reinsteckst,
riechst du den Geruch von neuen Schuhen,
die auf die passenden Füße warten.

Wenn du genau hinschaust,
findest du sogar Teile von Menschen:
Beine, Oberkörper ohne Köpfe, Köpfe ohne Haare,
Plastikpopos oder runde Drahtgestelle mit Unterhosen.

Und etwas für mich? Was hätte ich denn gern?
Vielleicht brauche ich Wimpern oder Haare oder neue Nägel.
Hmm, nee.

Oder vielleicht frage ich, ob sie mir etwas hiervon geben?
Was das wohl ist? Ein Zopfklipser? Ein Duttdrücker?
Ich weiß nicht, ob ich das gebrauchen kann.

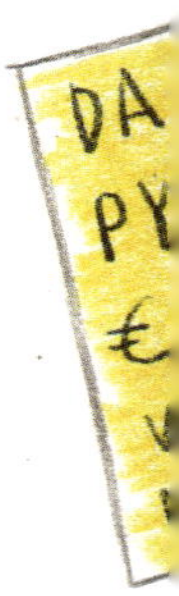

Aber dann muss man wieder ein wenig zurückgehen, weil die Oma an dem unsichtbaren Faden gezogen hat und mich an den langweiligen Ständen festhält, an denen es nichts Besonderes gibt. Die, mit den gefalteten Hemden in durchsichtigen Verpackungen oder Schachteln. Auf den Schlafanzugverpackungen sind Leute, die sich über ihren Schlafanzug freuen, und auf den Unterhosenverpackungen Leute, die sich über ihre Unterhose freuen.

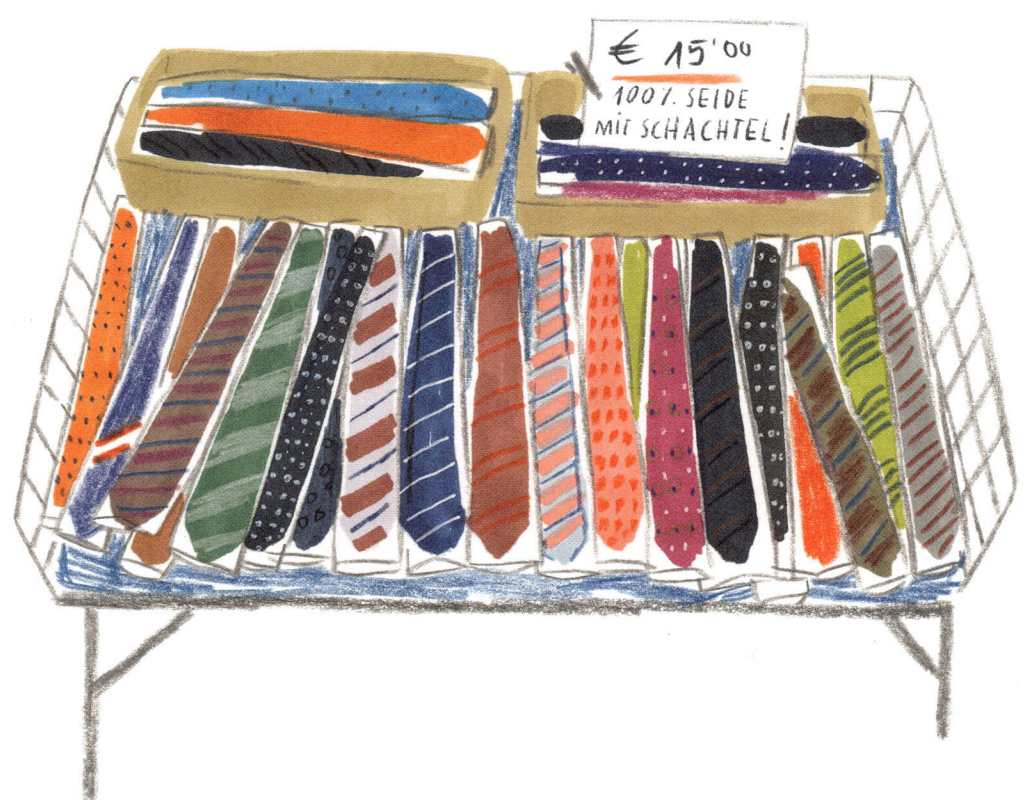

„Ach, schau mal!", sagt Oma zu mir.
Sie hat eine Wanne voller Handschuhe gefunden,
die immer in Paaren herumschwimmen und darauf warten,
herausgefischt zu werden. „Nimm uns, nimm uns", rufen sie.
„Schau mal, wie schön die hier sind! Oder lieber die da?"
Der Verkäufer nennt die Preise und eine Dame gibt Ratschläge.
Oma liebt es, mit Damen auf dem Markt zu quatschen.
Sie fragt was, antwortet und gibt Ratschläge.
Sie redet von mir, wie alt ich bin und wie ich heiße.
Die Damen nicken, wiederholen meinen Namen und wühlen weiter.

Zum Schluss sucht Oma richtige Omahandschuhe aus.
Außen glatt und innen ganz flauschig.
Hoffen wir, dass sie nicht auch diese sofort wieder verliert.

Der unsichtbare Faden lockert
und spannt sich, während ich zwischen Bilderrahmen,
kleinen Tellern und Tassen den perfekten Stand
für Tanten finde, mit dem perfekten Geschenk für Tante Ada,
für das sie sich ganz doll bei uns bedanken und es
für immer in einem Regal in Ehren halten wird.

Oma zieht die Handschuhe aus, um ihr Portemonnaie
herauszuholen und zu bezahlen.

Endlich gehen wir zu den Sachen, die man essen kann.
Hier brauchst du die Augen, die Nase und die Hände. Aber auch den Mund!
Denn wenn ich vorbeikomme, wird mir immer etwas zum Probieren gegeben.
Die Essensverkäufer wiegen, rechnen, geben dir Geld zurück und verraten dir
ein Geheimrezept.
„Wer ist als nächstes dran?"
Sie sind die nettesten und schnellsten auf dem Markt.

Jetzt sind wir voll bepackt mit Taschen und es ist Zeit,
zurück nach Hause zu gehen. Aber für mich gibt's nichts?
Eine Puppe, irgendwas aus Plastik, ein Klimselbims oder so?
Während wir laufen, wird der Markt immer leerer
und der unsichtbare Faden reißt.
Wir gehen zusammen weiter, aber kurz bevor die Straße
mit den Autos kommt, mache ich noch zwei kleine Schritte
in die andere Richtung.
Ich wusste es! Ich finde immer etwas für mich!
„Ich habe dir ein Unterhemd und schöne Socken geholt,
bist du zufrieden?", fragt Oma.
„Hatschi!", antworte ich.
„Um Himmels Willen!", regt sich Oma auf.
„Mach deine Jacke zu, setz die Mütze richtig auf
und zieh die ... aber wo sind denn meine Handschuhe?«
Da haben wir den Salat ...

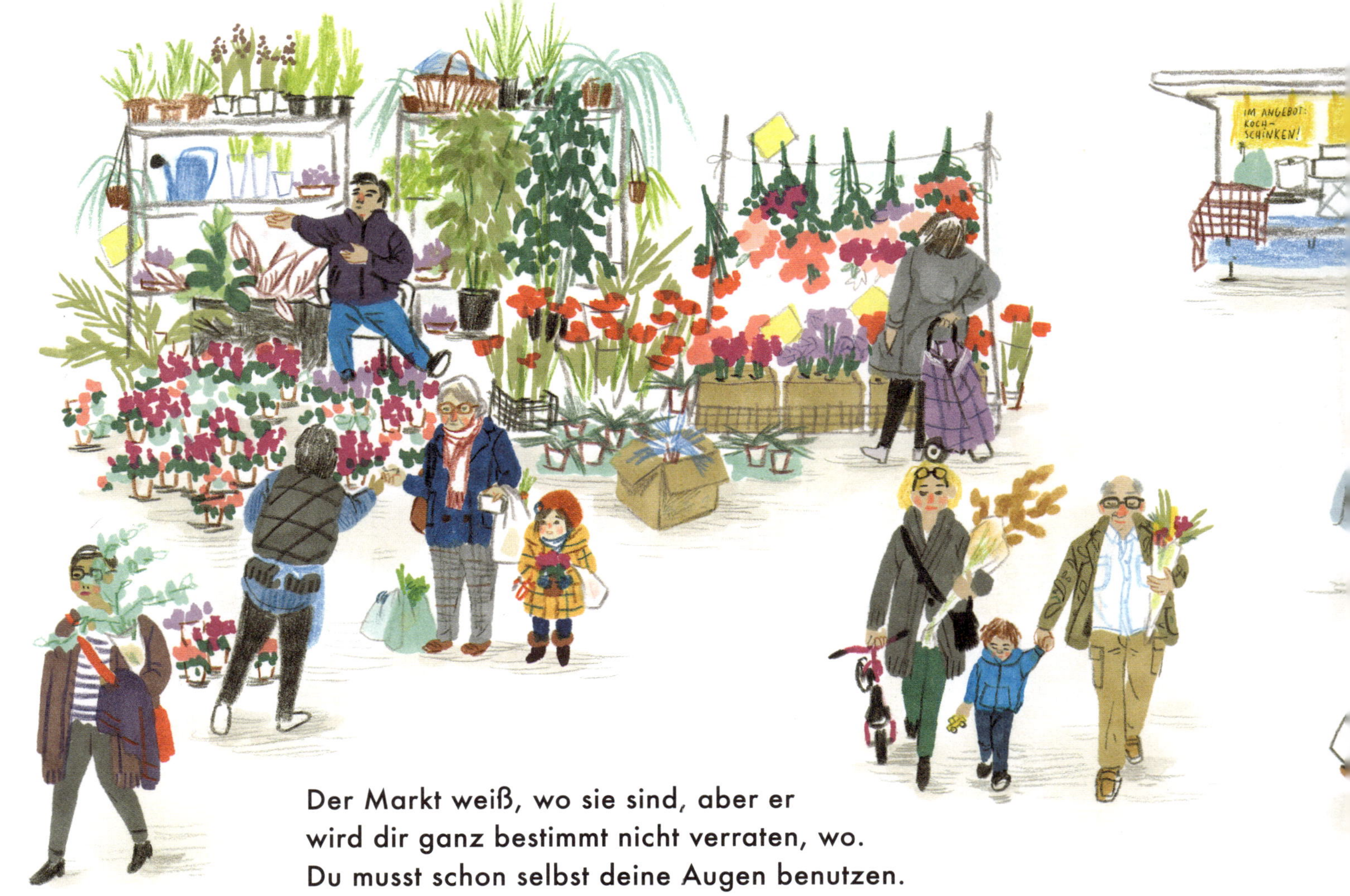
IM ANGEBOT:
KOCH-
SCHINKEN!

Der Markt weiß, wo sie sind, aber er
wird dir ganz bestimmt nicht verraten, wo.
Du musst schon selbst deine Augen benutzen.
Darum gehen Oma und ich noch einmal
auf die Suche, bevor alles abgebaut wird.

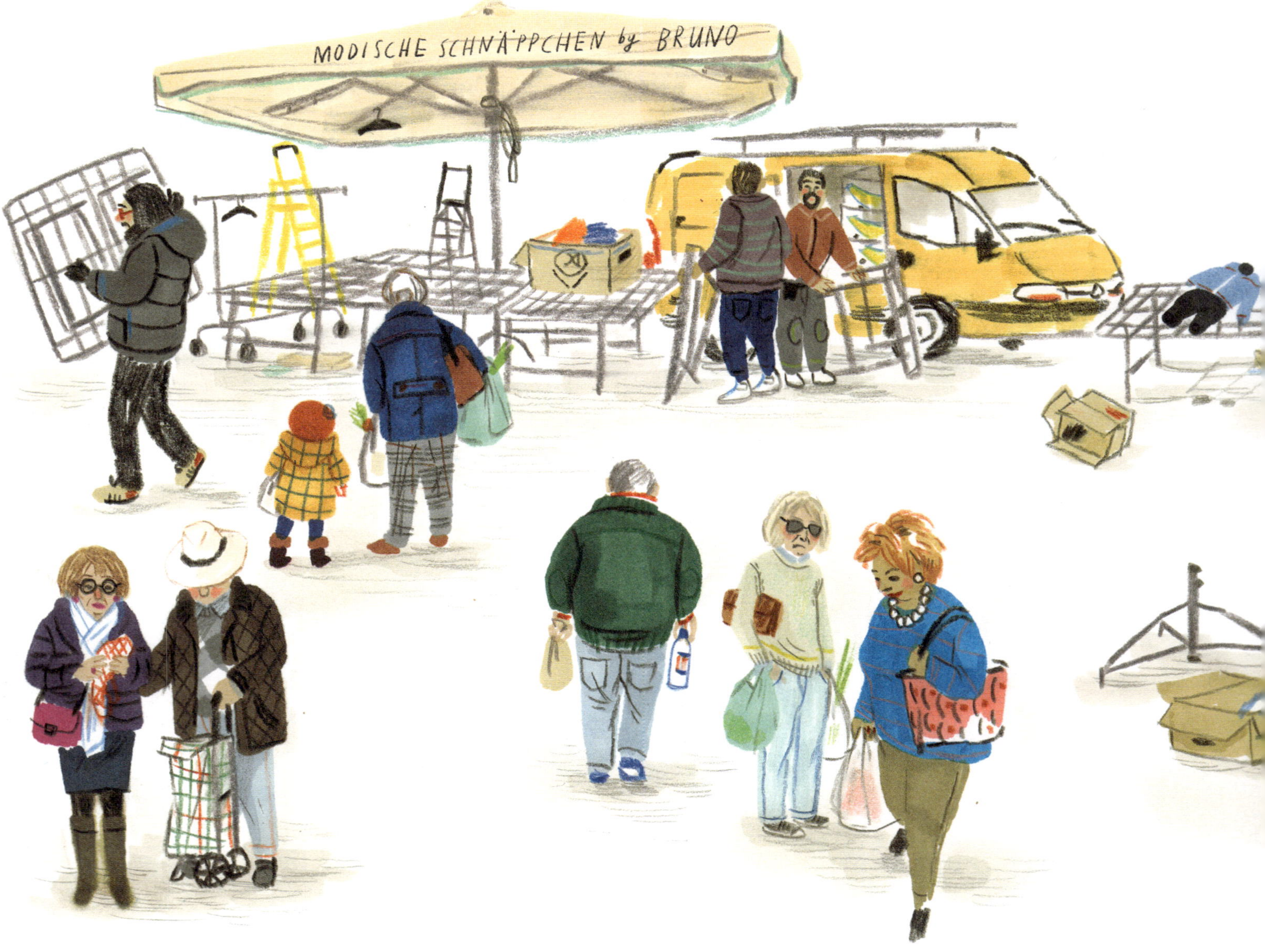
MODISCHE SCHNÄPPCHEN by BRUNO